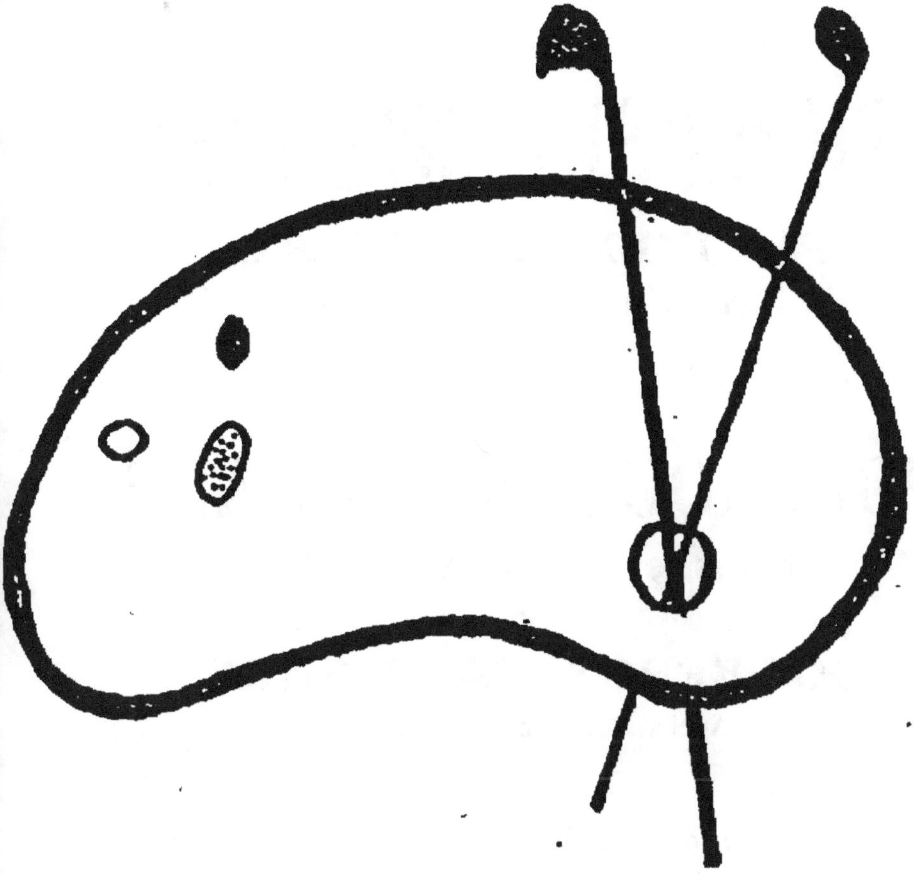

DEBUT D'UNE SERIE DE DOCUMENTS
EN COULEUR

LA
RÉPUBLIQUE INTÉGRALE

Par JULES LEMAITRE

Président de la *Patrie Française*

LA
POLITIQUE NATIONALE

après les Elections de 1902

PAR

GODEFROY CAVAIGNAC

Ancien Ministre de la Guerre

Discours prononcés à Paris le 12 Novembre 1902

PRIX : **0 fr. 25**

PARIS

BUREAUX DE « LA PATRIE FRANÇAISE »

196, RUE DE RIVOLI, 196

Téléphone 295-71

ANNALES
DE
La Patrie Française

(3e Année)

BULLETIN BIMENSUEL

Organe officiel de la Ligue de la *Patrie Française*

COMITÉ DE RÉDACTION :

MM. François Coppée, Jules Lemaitre

Maurice Barrès, Marcel Dubois, Félix Jeantet

Louis Dausset, Gabriel Syveton

PRIX DE L'ABONNEMENT :

Paris et Province : Un An . . . . 5 "

Étranger (Union postale) 6 50

Le Numéro : 20 Centimes

RÉDACTION & ADMINISTRATION :

196, Rue de Rivoli (en face des Tuileries) **PARIS**

Téléphone 295-71

Les Bureaux sont ouverts tous les jours de 9 h. à Midi

et de 2 heures à 6 heures

On s'abonne à partir du 1er et du 15 de chaque mois

LES

Bureaux de la **Patrie Française**

SONT

196, Rue de Rivoli, Paris

(2ᵐᵉ ARRᵗ)

———— ·✳· ————

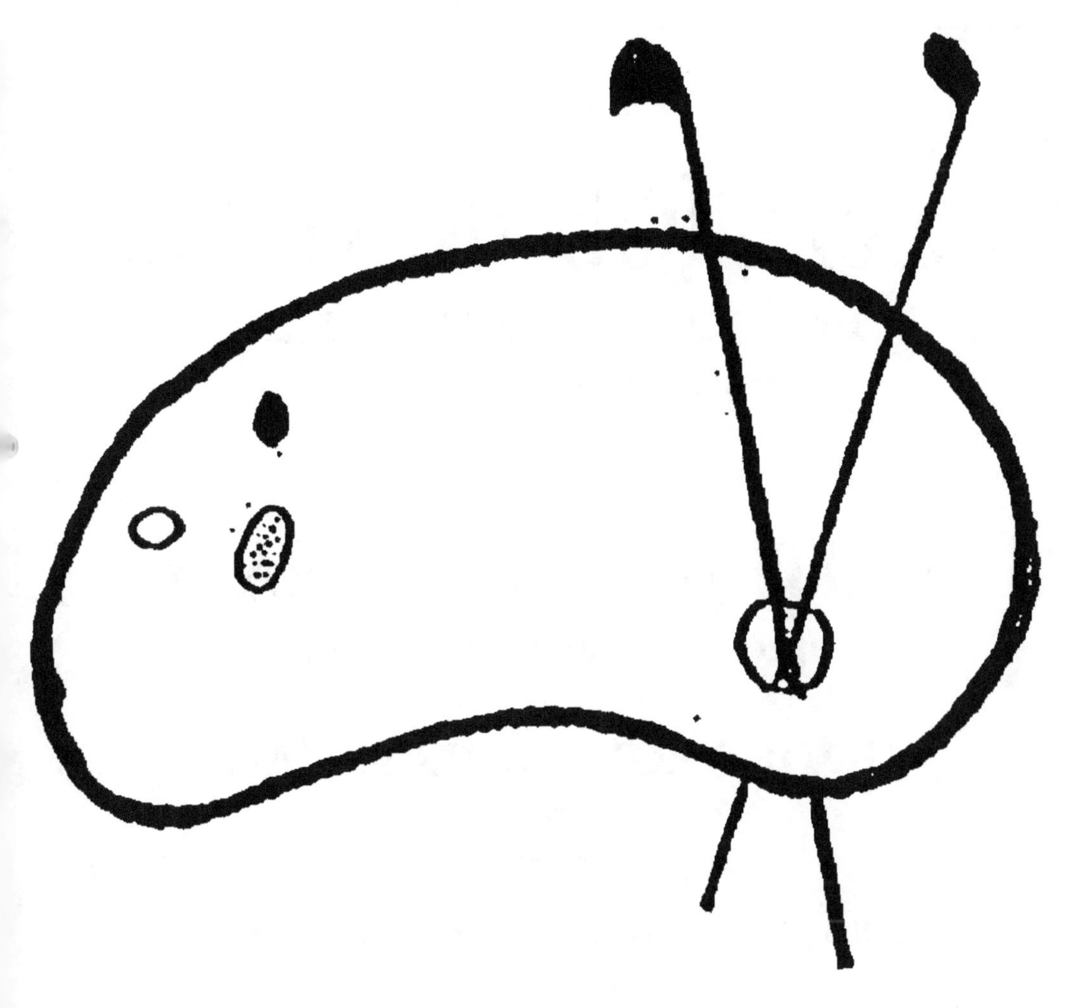

FIN D'UNE SERIE DE DOCUMENTS
EN COULEUR

LA PATRIE FRANÇAISE

LA
RÉPUBLIQUE INTÉGRALE

Par JULES LEMAITRE

Président de la Patrie Française

LA
POLITIQUE NATIONALE

après les Elections de 1902

PAR

GODEFROY CAVAIGNAC

Ancien Ministre de la Guerre

Discours prononcés à Paris le 12 Novembre 1902

PRIX : **0 fr. 25**

PARIS

BUREAUX DE « LA PATRIE FRANÇAISE »

196, RUE DE RIVOLI, 196

Téléphone 295-71

INTRODUCTION

La **Patrie Française** a offert le 12 novembre 1902 un grand déjeuner aux élus nationalistes du Sénat, de la Chambre des députés et du Conseil municipal de Paris.

Par le nombre et le choix des convives, par les remarquables discours de rentrée de MM. Jules Lemaître et Cavaignac, ce banquet a eu une répercussion considérable, car il marque d'une façon définitive l'orientation et la politique de l'avenir du grand Parti français groupé en un étroit faisceau dans le but d'assurer la libération de la patrie, et de nous débarrasser à tout jamais de l'odieuse oppression judéo-maçonnique.

Ce fut une réunion admirable, en ce sens que des idées échangées par les principaux chefs du grand mouvement libérateur, il est résulté une entente commune pour l'action future dont nous ne tarderons pas, il faut l'espérer, à moissonner les heureux résultats.

Plus de soixante députés et presque toute la majorité du Conseil municipal assistaient à ce banquet, qui a pris l'importance d'un congrès.

Autour des tables fleuries de chrysanthèmes, de roses et d'œillets, les convives ont vibré de la même indignation patriotique devant l'exposé de la douloureuse situation du pays et ont tous pris l'engagement de lutter jusqu'au bout pour le triomphe de

la plus noble des causes : la cause de la patrie opprimée par une oligarchie.

Nous avons pensé qu'il valait la peine que les
deux discours de nos chefs fussent conservés et
publiés. Ceux qui les ont entendus seront heureux
de les retrouver, et nous savons, par les demandes
innombrables qu'ils nous en font, que ceux de nos
compatriotes qui n'ont pas eu la bonne fortune de
les entendre sont impatients de les connaitre. Ils
les propageront à leur tour, et nous aideront ainsi
dans notre tâche de relèvement national.

' C'est d'abord M. Jules Lemaître qui se lève et
prononce le discours suivant.

LA
RÉPUBLIQUE INTÉGRALE

Par Jules LEMAITRE

Aux élus nationalistes du Sénat, de la Chambre des Députés et du Conseil Municipal de Paris.

Messieurs,

Je n'ai la prétention ni de faire ce qu'on appelle un discours, ni de vous apprendre des choses que vous savez aussi bien que moi D'ailleurs, notre Ligue ne saurait avoir auprès des hommes politiques et des publicistes illustres qui sont ici que le crédit qu'ils veulent bien lui accorder. Mais, puisque nous sommes entre amis ou alliés, je voudrais, comme représentant de la Ligue de la Patrie française, me consulter avec vous et vous proposer quelques idées. A cela se bornera mon rôle. J'y trouve cet avantage que, n'ayant aucunement le dessein d'attenter à votre liberté, je pourrai moi-même parler plus librement.

Je rappellerai la situation politique de la France. Puis je chercherai ce qu'on peut espérer et, en attendant, ce qu'on peut faire.

*
* *

Mon premier point est exposé et développé tous les jours, avec un talent merveilleux, avec une âpreté véridique et vengeresse, par mes confrères en journalisme. Je n'ai donc pas à m'y étendre.

La majorité de la nation est durement opprimée, et la France est moralement, virtuellement (comme disent les philosophes), en état de guerre civile.

Nous sommes entre les mains d'un gouvernement qui ne représente qu'une oligarchie politique, et qui est lui-même entre les mains d'un gouvernement occulte, dont il reçoit les ordres. Bref, le pouvoir exécutif est totalement absorbé par le législatif, et celui-ci par le pouvoir secret du socialisme internationaliste et de la franc-maçonnerie, laquelle se confond, dit-on, avec la juiverie.

Si cette oligarchie de basse espèce se contentait de faire son butin; si elle nous laissait tranquilles; si ses idées ou ses appétits ne lésaient que médiocrement les intérêts généraux de la nation, le peuple de France, si docile, si patient, si crédule, si craintif, continuerait peut-être à se résigner; il trouverait seulement que cette République-là lui coûte un peu cher.

Mais nous avons contre ce gouvernement deux griefs capitaux.

D'abord, ces hommes avides et cyniques ont des âmes de sectaires et d'inquisiteurs. Il leur paraît intolérable que d'autres hommes ou même des femmes, des jeunes filles, de bonnes sœurs hospitalières, conçoivent autrement qu'eux ce que Renan appelait la « catégorie de l'idéal ». Et non seulement ils persécutent, mais ils aiment persécuter, et, pour pouvoir continuer à le faire (ou peut-être pour n'être pas mis en demeure de faire autre chose), ils refusent cette solution si simple, acceptée aujourd'hui par les catholiques eux-mêmes : la séparation des Églises et de l'Etat. Etranges républicains ! En mettant hors la loi certaines catégories de citoyens, en proscrivant la liberté d'association, la liberté d'enseignement et, d'un mot, la liberté de conscience, ce gouvernement viole la charte même de la Révolution — ou, plus exactement, ceux des articles de la *Déclaration des Droits* qui peuvent passer pour les dogmes de tout Etat civilisé, république ou monarchie.

La France est actuellement — exception faite pour la Russie, et encore ! — le pays d'Europe où il y a le moins de libertés.

Venons au second grief. Je ne dirai pas que ce gouvernement soit au service de l'étranger; mais il agit exactement comme s'il y était. Trop de métèques indifférents à nos traditions, « à notre terre et à nos morts, » rôdent autour de lui et semblent le conduire. Ce qui l'inspire, c'est l'humanitarisme et, par suite, l'antimilitarisme maçonnique, je ne sais quel vague et béat « amour de l'humanité », qui, d'ailleurs, dispense ses sectateurs de toute justice envers ceux qui ne pensent pas comme eux et qui, dès lors, paraît-il, ne font plus partie de l'humanité. Cet esprit de la maçonnerie et du collectivisme de chez nous est d'ailleurs la plus sinistre des duperies ; car vous n'ignorez pas que les maçons et les révolutionnaires étrangers sont, eux, patriotes avant tout. Ils nous l'ont fait savoir à plusieurs reprises.

Et je les comprends : même au point de vue humanitaire, c'est le patriotisme qui a raison. Le progrès de l'humanité s'accomplit par le progrès et l'émulation des patries, de même que le progrès d'une patrie s'accomplit par le progrès et l'émulation des groupes organisés qu'elle renferme.

Mais, en réalité, il ne s'agit plus, pour nous Français, de travailler au bien de l'humanité : il s'agit simplement de vivre. Notre ami Chéradame écrivait dernièrement ces paroles substantielles : « Le problème national qui se pose pour nous est de savoir comment le groupe ethnographique, *relativement très petit*, formé par 38 millions de Français, ayant à résister aux énormes convoitises de l'impérialisme britannique et aux formidables pressions de 56 millions d'Allemands, pourra maintenir le taux des salaires un bon état du commerce, de l'industrie et de l'agriculture, indispensable à la sécurité et au bien-être de chacun des Français. »

Or, c'est le moment où le patriotisme des autres peuples se fait plus jaloux et plus conquérant, où la République américaine elle-même accroît son armée et sa flotte et exalte les vertus guerrières, où il apparaît de plus en plus que la force militaire est le bouclier de la force industrielle et économique, c'est ce moment-là que nos gouvernants choisissent pour combattre chez nous, presque officiellement, le sentiment et, si l'on veut, l'admirable et nécessaire préjugé du patriotisme, pour introduire dans l'armée la politique, le billet de confession maçonnique et la délation; pour livrer l'armée et la flotte à qui vous savez, et pour dire ou laisser dire que la Triplice est une bien bonne invention pour brider le patriotisme français.

Nous sentons que la défense nationale n'est plus assurée, et nous formulons ainsi notre second grief : « Par la faute de ce gouvernement, la France est actuellement, de tous les pays d'Europe, le plus diminué, le plus avili, le plus exposé. »

**

Ainsi, la basse oligarchie qui mène nos affaires manque à ce qui est, par définition, la mission essentielle de tout gouvernement : garantie des droits naturels et des libertés sans lesquelles il n'y a pas de dignité humaine, conservation de l'existence même de la communauté nationale. Beaucoup de bons esprits, même modérés, estiment qu'un tel gouverne-

ment est moralement déchu et que, théorique-
ment, nul ne lui doit l'obéissance.

Souvenez-vous, du reste, que cette oligarchie,
qui forme la majorité ministérielle, ne représente que la minorité du pays. Il est aisé d'en
faire le calcul : on verra que les majorités parlementaires qui soutiennent le ministère Com-
bes représentent un nombre d'électeurs qui
oscille entre 2 millions 590,000 et 2 millions
700,000. Or, il y a 11 millions d'électeurs ins-
crits. On en conclura que l'article du *credo*
républicain qui attribue la souveraineté au
peuple est constamment violé, que le ministère
actuel, et je dirai même que tout ministère,
avec la Constitution que nous avons, escroque
le pouvoir, et que le suffrage universel, tel
qu'il est organisé, est la plus stupéfiante des
plaisanteries et, à vrai dire, une institution de
sauvages.

Mais enfin nous vivons sur cette formidable
fiction. Issue, fût-ce par la corruption officielle,
les malentendus, les mensonges, le dol même
et la fraude, d'un suffrage universel nécessai-
rement faussé, l'oligarchie maçonnique a la
force matérielle. Elle en use sans scrupule,
sans pudeur, sans mesure. Elle la retient de
toutes ses griffes ; elle s'y accroche, et la peur
même la fait s'y cramponner plus furieuse-
ment.

Dans ces conditions, que peut-on espérer et
que peut-on faire ?

Quelques-uns disent: « Attendons. D'elle-même, la majorité ministérielle se désagrégera. » Et l'on ne parle que de la « fissure ».

Pour ma part, je n'y crois guère. Ce ministère me paraît promis à une longue vie par sa bassesse même et sa docilité aux ordres du gouvernement secret. Il ne peut être renversé que par la défection, soit des collectivistes, soit des radicaux ministériels. Or les collectivistes savent bien que jamais ils n'auront un ministère qui soit meilleur pour eux. Et quant aux radicaux asservis, ils auront d'autant moins le courage de rompre que, le lendemain de la rupture, ils se trouveraient isolés et ne pourraient compter (du moins nous voulons le croire) sur l'alliance des républicains progressistes... Puis, tous ces gens-là sont liés par les cadavres qu'ils ont faits ensemble, liés par la complicité de la caverne. Enfin, si l'on admet quand même la possibilité d'une crise ministérielle, nous avons trop lieu de croire que le ministère qui en sortirait, moins grotesque peut-être, serait tout aussi malfaisant. Ce ne serait pas un changement de politique; surtout ce ne serait pas un changement de régime: et c'est du régime lui-même, c'est du parlementarisme que nous mourons.

Un seul espoir, encore lointain. Ils s'appellent eux-mêmes « le bloc ». Ils ont raison. Un bloc, c'est quelque chose d'aveugle et de sourd, de brutal et de stupide. Mais c'est aussi quelque chose qui roule sur sa pente jusqu'au bout et sans pouvoir se retenir. Ivres de leur grossière tyrannie, pris de vertige, condamnés par leurs anciens attentats à d'autres crimes encore, nos gens sont emportés par un mouvement qu'ils ne dirigent plus. Nous n'attendons pas que le bloc se désagrège volontairement ; mais nous pouvons attendre qu'il roule plus loin qu'il ne voudrait, et qu'il se brise contre un obstacle soudainement surgi.

Cet obstacle, ce sera, quelque jour, à un moment qu'on ne peut déterminer, la volonté irritée de la nation.

Quand ce moment viendra-t-il? Nous sentons, nous, que la persécution religieuse est abominable ; seulement, il faut bien avouer que, sauf en Bretagne, elle n'a pas, jusqu'ici, secoué bien profondément l'inertie imprévoyante des masses. Mais enfin nos plats tyrans ne pourront pas borner éternellement leur politique à l'expulsion des sœurs et des moines. Quand il n'y aura plus, en France, une cornette ni un froc, il faudra bien qu'ils passent à d'autres exercices. La question financière les guette. C'est là qu'ils trébucheront.

Très prochainement, ils auront à faire la caisse des retraites ouvrières. S'ils ne la font pas, les ouvriers, quelle que soit leur inépuisable crédulité, finiront peut-être par comprendre qu'on se moque d'eux. S'ils essayent de la faire, ils n'y parviendront que par l'augmentation d'impôts déjà excessifs et de plus en plus paresseux à rentrer, — augmentation qui portera forcément sur les fortunes petites ou moyennes. Pendant ce temps-là, leur politique continuera de produire ses inévitables conséquences économiques : le déficit, la baisse de la rente, la fuite de l'argent, l'insécurité mortelle aux affaires, et, par le malaise croissant de l'industrie, l'aggravation du sort des ouvriers. Chacun éprouvera de plus en plus la difficulté de vivre, et chacun en saura la cause. Un immense besoin d'ordre, une révolte de l'instinct de conservation privée et publique éclatera partout le pays. (Car j'espère encore qu'il ne sera pas nécessaire de subir auparavant quelque effarant essai d'État collectiviste, c'est-à-dire de régression vers la barbarie primitive.)

Eh bien, messieurs, c'est pour cette heure-là que nous devons nous tenir prêts. Il faut que, au moment où s'abîmera ce triste régime, il y ait, soit au Parlement, soit dans le pays, des groupes organisés d'où puisse sortir ce qui prendra sa place. Il faut qu'il y ait une vaste Ligue nationale où les citoyens, naguère abusés ou indifférents, puissent se rallier et « s'encadrer » pour l'action commune, à mesure qu'ils ouvriront les yeux et qu'ils se dégoûteront de la République parlementaire et de ses fruits empoisonnés.

.'.

Dire : « Commençons tout de suite à préparer les élections de 1906 », c'est un propos qui part d'un bon cœur, mais qui n'est pas très excitant, bien qu'il faille, en effet, les préparer dès aujourd'hui. Nous ne pouvons pas grand'chose d'effectif pour demain ni pour après-demain. Il nous est même impossible de créer les circonstances qui amèneraient une bonne réforme électorale, et encore moins celles qui rendraient praticable une grande consultation nationale, ou la réunion d'une Assemblée Constituante. Mais nous pouvons, je crois, — en même temps que nous étendrons et organiserons nos groupes, — créer, en France, un état d'esprit favorable à une transformation de la République parlementaire.

Voilà la chose à faire. On nous demande un programme. Rien de plus facile à rédiger. Mais à quoi bon? L'année dernière, avec le concours de quelques hommes compétents, j'avais commencé, dans l'*Echo de Paris*, l'exposé d'un programme économique de la « Patrie française ». J'ai vite reconnu la vanité de cette entreprise. Car ce programme, qui l'eût appliqué? Il y a quelque chose qui presse davantage : faire la Constitution raisonnable et viable. Le reste suivra tout naturellement.

Je n'ignore pas qu'il importe plus de changer les mœurs et l'esprit public que les institutions. Mais justement, à l'heure qu'il est, je crois qu'un changement des institutions satisferait un besoin, encore hésitant, de l'esprit public, et achèverait de le lui révéler à lui-même. J'avais tort de dire qu'il faut créer un état d'esprit. Cet état existe : il ne s'agit que de le fortifier et de le développer.

Beaucoup commencent à sentir que rien

n'est plus absurde ni plus funeste qu'un régime où manque l'organe indispensable de tout gouvernement, à savoir un fonctionnaire suprême qui soit le serviteur des intérêts de tous. Beaucoup comprennent déjà que, à côté du Parlement qui, par la façon dont il est élu, ne représente que des intérêts particuliers et locaux, et, en outre, toutes les chimères des groupes révolutionnaires ou réacteurs, il faudrait un pouvoir qui représentât les intérêts généraux et permanents de la nation.

Il est trop clair que ce pouvoir n'existe pas. L'origine parlementaire du président de la République, jointe à une prescription déjà longue, lui interdit absolument l'exercice des droits que lui confère la Constitution de 1875. Il n'y aurait absolument rien de changé dans l'histoire de ces derniers temps si, par la pensée, on supprimait le petit employé grassement rétribué de l'Élysée. — Les circonscriptions électorales sont représentées, très mal d'ailleurs, ou très inexactement : la France ne l'est pas du tout.

A ce compte-là, le gouvernement du peuple par le peuple n'est qu'un leurre. La souveraineté du peuple ne signifie rien, s'il est interdit au peuple de la déléguer en ce qui regarde les intérêts durables de l'ensemble de la nation. Le dogme fondamental de la Révolution est lettre morte. En d'autres termes, la Révolution n'est pas achevée.

.*.

Ici, messieurs, je vous avertis que je ne vais plus parler qu'en mon propre nom. Je vous rappelle que cette réunion est une sorte de congrès où pourront être échangés des propos, non pas contradictoires entre eux (car nous nous entendons sur le principal), mais qui, partis dans la même direction, y pousseront plus ou moins avant...

Je vous confesse donc que, à mon sentiment, le président de la République, l'homme qui représente la nation en face de la Chambre qui n'en représente que des parcelles bariolées, doit être élu, non par le suffrage à deux degrés, qui aurait l'inconvénient de susciter un nouveau corps de politiciens, mais par le peuple tout entier. Je crois que le peuple tout entier, — c'est-à-dire les trois millions qui ont élu la majorité de la Chambre actuelle, plus les sept millions qui en ont élu la minorité, ou qui ont perdu leurs voix, ou qui se sont abstenus et qui, cette fois, ne s'abstiendraient pas, — saurait faire un choix raisonnable, et qu'il ne porterait à la première magistrature de l'État ni un médiocre, ni un révolutionnaire. Au reste, quand il nommerait un révolutionnaire ou un médiocre, la force des choses éclairerait l'un et élèverait l'autre.

Mais, je le répète, je ne crains pas, de la part du peuple *tout entier*, un choix complètement stupide. La majorité serait, ici, une majorité *réelle*. L'intérêt personnel, l'esprit de

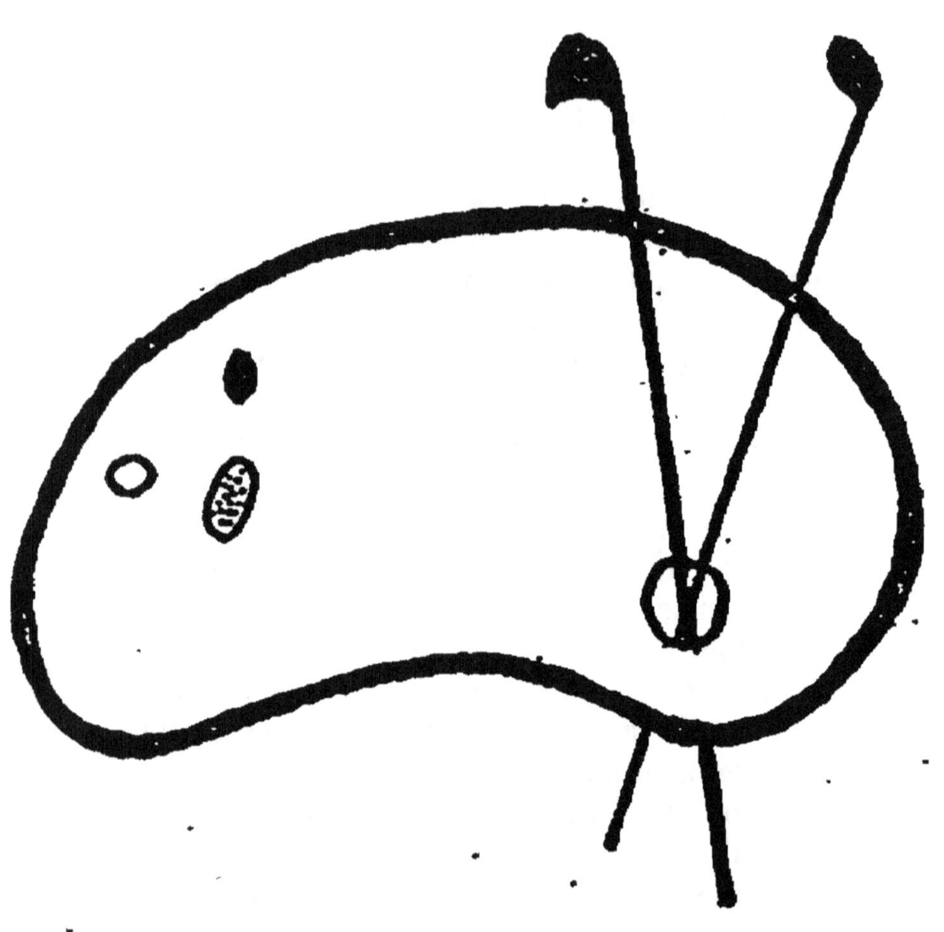

DEBUT D'UNE SERIE DE DOCUMENTS
EN COULEUR

LA PATRIE FRANÇAISE

BULLETIN

Je soussigné (1) .... *déclare vouloir*

demeurant à ....

contribuer à l'œuvre de la « Patrie Française » à titre de (2)............................

et je m'engage à verser la contribution annuelle de............................ *aux Bureaux de*

« La Patrie Française » (3), *196, rue de Rivoli, Paris* (1er *Arrond*^t).

Signature:

1. Ecrire lisiblement le nom, le prénom et la profession.
2. a) Bienfaiteur, 1 franc et au-dessus, contribution annuelle.
   b) Donateur, 20 francs, contribution rachetée.
   c) Donateur Bienfaiteur, 50 francs.
   d) Donateur principal (100 francs, et au-dessus, une fois donnés).
3. Prière d'envoyer la contribution en Mandat ou Bon de poste, aux bureaux de « **La Patrie Française** », 196, rue de Rivoli (1er Arrond^t), **Paris**.

Des bulletins seront adressés à toutes les personnes qui voudront bien en faire la demande au **Secrétariat** de « **La Patrie Française** », 196, rue de Rivoli, **Paris** (1er arrond^t).

ANNALES

DE LA

PATRIE FRANÇAISE

Organe Officiel de la PATRIE FRANÇAISE

BULLETIN D'ABONNEMENT (1)

*Veuillez m'abonner pour UN AN aux Annales de la Patrie Française,
à partir du (2) ——————————— jusqu'au ——————— 190 .
Ci-joint en un mandat-poste, la somme de CINQ FRANCS, montant de mon abonnement.
Je vous prie de faire recouvrer par la poste le prix de mon abonnement avec 0 fr. 50 en
plus pour les frais de recouvrement (3).*

A ——————————— le ——————————— 190 .

Signature :

Adresse : (Prière d'écrire très lisiblement) ————————————————

———————————————————————————————

(1) Découper le présent bulletin et l'adresser avec tout mandat ou bon de poste à **M. Gabriel Syveton**,
administrateur délégué, **196, rue de Rivoli, Paris** (1er arrond').
(2) Les abonnements partent du 1er et du 16 de chaque mois.
(3) Rayer l'une ou l'autre des deux dernières formules suivant le cas.

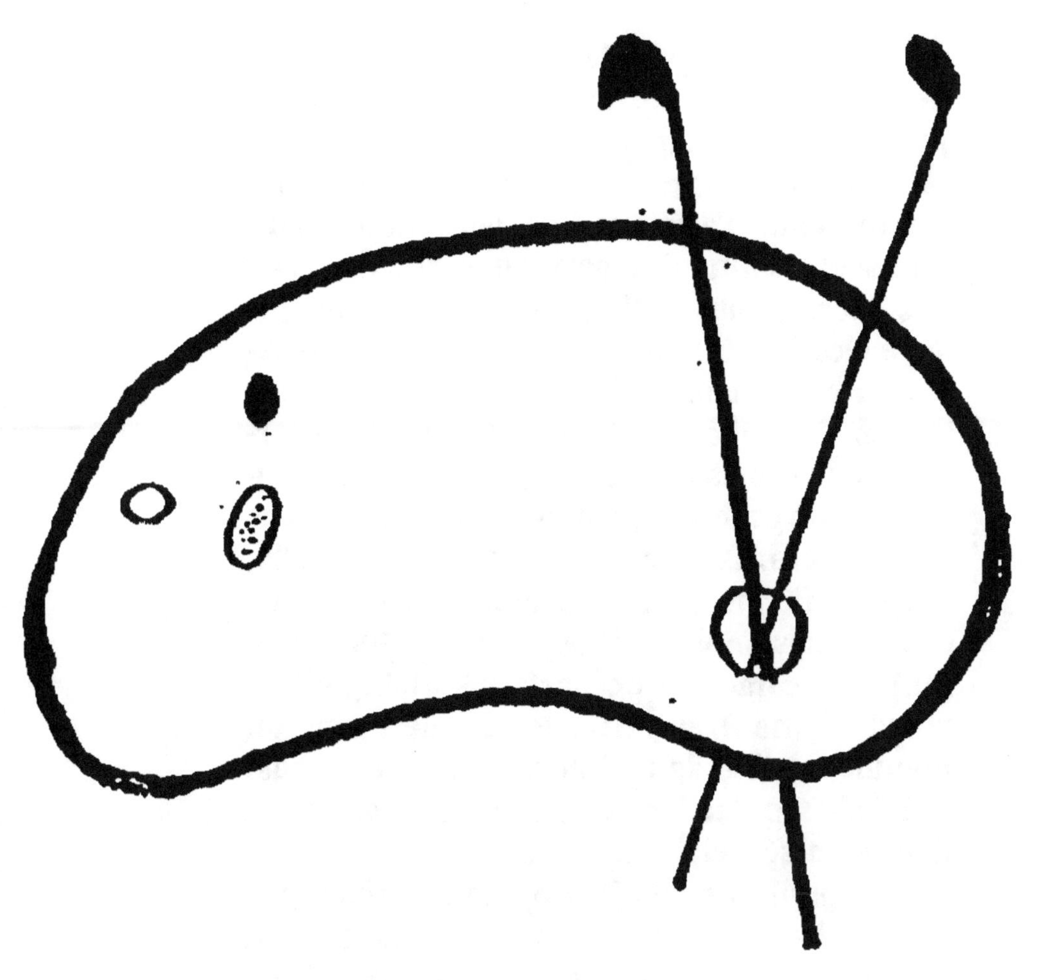

FIN D'UNE SERIE DE DOCUMENTS
EN COULEUR

convoitise ou l'esprit de chimère, même l'envie démocratique agiraient infiniment moins que dans une élection locale. Un seul homme ne peut corrompre dix millions d'électeurs. Dix millions d'électeurs ne peuvent attendre d'un seul homme des services particuliers. — Des théoriciens distingués disent que le système électif est le mal, et ils en donnent d'assez fortes raisons. Mais ces mêmes théoriciens avouent que ce système est bon pour les corporations professionnelles, parce que, là, l'objet du vote est clair, précis et intelligible à tous les électeurs. Or, dans l'élection présidentielle, l'objet du vote aurait justement cette clarté, cette précision, et, même pour les plus ignorants, ce caractère de parfaite intelligibilité, puisqu'il ne s'agirait que de désigner un homme capable de maintenir, au nom de tous, trois choses faciles à concevoir : l'ordre, la liberté, la sécurité nationale.

La république que je propose serait simplement la République intégrale. Elle respecterait le principe de la souveraineté du peuple en étendant cette souveraineté, par voie de délégation, aux choses qui lui importent le plus. Elle serait enfin conforme à la partie compréhensible de la déclaration des *Droits de l'homme et du citoyen;* ce qui n'a pas encore été vu. J'estime, en tout cas, que ce suprême essai doit être tenté ou du moins préparé par nous. Seul il conjurerait, s'il en est temps encore, l'achèvement de notre décomposition politique.

.Oui, cette sorte de nationalisation du président de la République est le grand point. Le reste en dériverait : responsabilité des ministres devant le chef de l'Etat, réforme électorale, usage du referendum, — et aussi le rétablissement des finances, la réduction du fonctionnarisme et la décentralisation administrative, la solution progressive de la question sociale par le bienfait de l'ordre et par l'association libre.

Les objections, je les connais. Elles se réduisent à la peur d'un mot que je n'ai pas prononcé et à une fausse association d'idées. Mais j'allongerais démesurément cette causerie si j'y répondais aujourd'hui.

.·.

Je vous ai dit quelles idées, à mon sens, il faut déposer dans les esprits. Sinon, qu'arrivera-t-il ?

Un nombre toujours croissant de très honnêtes gens vont beaucoup plus loin que moi. — Vous avez pu constater ce phénomène : hormis ceux qui en vivent ou qui en tirent profit, nul, en France, ne se sent *obligé* envers le gouvernement actuel. Le « loyalisme » est bien le dernier sentiment qu'il inspire, même aux trois quarts de ses fonctionnaires. On le subit, comme on subit la force, mais on le méprise profondément. On le regarde comme une espèce de gouvernement insurrectionnel. Une autre force qui briserait celle-là ne scandaliserait personne. Certains mots n'effrayent plus comme autrefois. On se souvient que l'histoire de la Révolution n'a été qu'une série de coups d'Etat, de la Convention contre la Commune, ou de la Commune contre la Convention, et que Brumaire ne fut qu'une réplique, extérieurement presque légale, à Fructidor. On se rappelle les coups d'Etat, tantôt monarchiques et tantôt républicains, du siècle passé. Certaines idées sont, comme on dit, dans l'air. Je les réprouve, mais elles y sont.

Eh bien ! messieurs, notre tâche est de faire, par la propagande de nos idées et par la puissance de notre union, qu'un changement de Constitution, que des impatients attendent bien inutilement de la violence, puisse quelque jour être réalisé par des voies régulières et légales : — « Quelque jour ? » Mais quand ? — Évidemment je vous propose une entreprise à long terme. Nous verrons d'autres crimes encore, et d'autres ruines ; et la France pourra être perdue avant d'être assez dégoûtée pour exiger les transformations nécessaires. Aussi ne nous sommes-nous pas réunis pour échanger des paroles réjouissantes, mais pour chercher ensemble quel est notre devoir quoi qu'il arrive.

Un de mes camarades, grand métaphysicien, atteint d'une terrible maladie, m'écrivait jadis : « Je m'efforce de vivre courageusement dans l'état de désespoir. » Approprions-nous cette sévère formule. Ayons le courage d'agir sans espérance proche. Songeons qu'il y va de notre tout : la liberté et la patrie, qui n'est que nous-mêmes au complet. Disons-nous bien et répétons à nos amis que ce pays reste un magnifique réservoir de forces généreuses ; que notre tâche est d'en ramasser les vertus éparses ; que le salut est en nous ; qu'il dépend de notre activité, de notre vigilance, de notre persévérance, de notre ténacité, de notre capacité de sacrifice à la cause commune, et, pour finir par un beau mot, de notre énergie.

Jules LEMAITRE.

LA

POLITIQUE NATIONALE

après les Élections de 1902

PAR GODEFROY CAVAIGNAC

MESSIEURS,

Je ne pensais pas qu'il fût nécessaire, après le discours si éloquent, si limpide et si complet que vous venez d'entendre, que je me levasse à mon tour pour prendre la parole.

M. Jules Lemaître et nos amis m'ont demandé de le faire et je n'ai point voulu résister à leurs instances.

Ils ont désiré qu'on entendît ici la voix, je ne dirai pas d'un groupe parlementaire, je ne sais pas si cette expression paraîtrait ici la mieux choisie pour traduire ma pensée. Ils ont désiré que l'on entendît la voix des hommes auxquels le suffrage universel a fait confiance lors des dernières élections générales, pour défendre les idées qui nous sont chères, et qui nous sont communes.

Ces hommes, bien qu'ils forment déjà, vous pouvez vous en convaincre, un groupe assez compact et assez imposant, ne sont pas sans doute aussi nombreux que nous l'eussions désiré. Ils sont une minorité ; on aime beaucoup à le leur rappeler et à le leur faire sentir, même dans les partis d'opposition à la politique actuelle.

Je pourrais dire qu'à voir l'usage que les majorités font du pouvoir, à voir cette extraordinaire perversion qui pousse au déchaînement le plus cynique d'arbitraire, des majorités qui se sont constituées autrefois au nom d'idées de justice et de liberté, nous aurions peut-être quelque raison de nous féliciter d'être une minorité.

Les idées de justice et de liberté n'auront jamais de refuge plus assuré qu'au sein des minorités.

Renan, dont M. Lemaître évoquait le souvenir tout à l'heure, a écrit quelque part, si j'ai bien conservé le souvenir de sa phrase : que ce qui distinguait l'aryen, c'est qu'il faisait de l'idéal comme l'araignée tisse sa toile. Nulle part on ne fait plus d'idéal qu'au sein des minorités.

Cela pourrait suffire à nous soutenir, en nous donnant le sentiment que, même dans une impuissante protestation de minorité, nous sauvegarderions quelque chose, et que, même en restant ce que nous sommes et en mettant tout au pire, nous protégerions du moins la France contre ce dernier degré de décadence où les

nations perdent jusqu'au sentiment de la décadence.

Mais nous ne sommes pas résignés à demeu-
rer une minorité; il ne suffit pas, comme le
disait si bien M. Jules Lemaitre, de vivre courageusement dans le désespoir, parce qu'il
faudrait admettre pour cela que nos idées sont
vouées à la défaite définitive, et, bien loin de
juger ainsi, nous pensons que les événements
de ces derniers mois sont de nature à nous
inspirer tout autre chose que des pensées de
découragement.

Je dirais d'abord, s'il m'était permis de don-
ner ici une note un peu personnelle, que ceux
d'entre nous qui sont depuis longtemps dans
la politique, et, qui sont réduits à cet état
que M. Thiers définissait si spirituellement
lorsqu'il disait qu'il était un vieux parapluie
sur lequel il avait beaucoup plu, ont vu avec
joie leurs rangs se renforcer de ces éléments
jeunes, actifs, nouveaux, qui nous sont venus
de l'armée, de l'université, un peu de partout
et dont la présence est en général, pour l'existence des partis politiques, le meilleur symp-
tôme et le meilleur gage d'avenir.

Je dirais encore que même en dehors de ce
mouvement parisien, de ce mouvement de la
frontière de l'est où des courants irrésistibles
nous ont poussés au succès définitif, nous
avons acquis la certitude que, sur bien des
points du territoire, trop clairsemés encore,
nos idées cheminaient et progressaient, et que,

souvent, la victoire chèrement acquise de nos adversaires apparaissait déjà à leurs yeux pour demain comme un présage de défaites; de ces défaites que les commissions de recensement elles-mêmes sont impuissantes à transformer en victoires.

Je pense surtout que ce qui doit nous inspirer confiance, c'est que, dans le succès, nos adversaires ont commencé et achèveront de se montrer tels qu'ils sont.

Un des grands obstacles que nous ayons rencontré, que nous ayons senti, dans les contacts multiples que, depuis deux années, nous avons eus avec le suffrage universel, c'est que, lorsque nous disions au peuple qu'il y avait des hommes, un parti, un gouvernement français qui répudient l'idée nationale et qui la ruinent par leurs actes, le peuple souriait avec incrédulité, et refusait de nous croire, et qu'il suffisait aux dirigeants de la politique actuelle de quelques phrases pour entretenir le peuple dans son incrédulité.

Aujourd'hui, nous n'avons plus seulement, pour appuyer nos dires, ces faits isolés, et cependant significatifs lorsqu'on en dégage la philosophie, que le pouvoir réussissait à voiler ou à dénaturer. Nous n'avons pas vu seulement les savants internationaux, les hommes les plus propres à pénétrer et à divulguer les secrets militaires, introduits au cœur de nos administrations centrales. Nous n'avons pas vu seulement ces aberrations de l'esprit de parti qui nous montrent des hommes réputés spirituels, perdant cette vertu bien française qui est le sentiment du ridicule, et sanctifiant les cuirassés de la marine française en les baptisant du nom de *Vérité* et de *Justice*.

Nous avons vu des faits, nous avons entendu des déclarations qu'il faudra bien que les plus aveugles voient et que les plus sourds entendent.

Nous avons entendu l'un des chefs de la majorité, l'homme qui la mène, qui dicte ses résolutions, qui épure son personnel en excommuniant ceux qui lui déplaisent, l'homme sur le nom duquel elle se prépare à faire une manifestation significative ; nous l'avons entendu de nos oreilles répudier pour son parti la pensée qui fait depuis trente ans la vie et la grandeur de la France, la pensée que la France ne peut accepter avec une résignation définitive la situation inférieure que les événements de 1870 lui ont faite en Europe.

Nous avons lu la phrase qu'il a écrite et que M. Lemaître rappelait tout à l'heure et où il bénit la Triplice de tenir en bride les excès du chauvinisme français.

Nous l'avons vu reléguer, de son autorité privée, cette autre vieille chanson qui berce depuis trente ans de quelque espérance la pensée nationale des Français, au musée des horreurs où l'internationalisme accroche tout ce qui fait, depuis des siècles, l'orgueil et la grandeur de la Patrie française.

Eh bien ! ce que celui-là a dit avec plus d'audace et de franchise, beaucoup d'autres le pensent. Et il apparaîtra de plus en plus que cette pensée, qui semble ne se révéler que par accident, est la pensée directrice de la politique actuelle.

Plus elle se révélera, plus elle apparaîtra aux yeux du suffrage universel, plus nous aurons de facilités pour la combattre. J'ose dire que nous avons la certitude de la combattre avec succès; — parce qu'il n'est pas dans la nature des choses qu'une nation abdique et se suicide. Faisons seulement des vœux pour qu'au jour où la politique actuelle succombera, le mal qu'elle aura fait ne soit pas irréparable.

M. Lemaître vous parlait tout à l'heure de cet abandon où sont tombés aujourd'hui les intérêts généraux de la nation.

Nous assistons en effet à un spectacle de plus en plus apparent et de plus en plus choquant.

Tous les intérêts particuliers, tous ceux qui mettent par quelque côté un groupe de citoyens en conflit avec l'intérêt général de la nation, tous les syndicats gros ou modestes, réussissent toujours à se faire entendre et à se faire écouter, et petit à petit ils réussissent à dépecer par lambeaux ce qui est le patrimoine commun de tous les Français.

Quant aux intérêts généraux de la nation, ils sont partout sacrifiés. De quelque côté que l'on regarde, soit que l'on porte sa pensée vers la situation financière, vers cette grande force de l'épargne et du crédit de la France, qui est restée, depuis 1870, le plus clair de la

puissance matérielle de la France en Europe ;
— soit que l'on songe aux intérêts moraux de
la Patrie française, à la politique extérieure et
à l'armée de la France, aux intérêts de la grandeur de la défense et de l'expansion nationales ; — soit que l'on pense à cet intérêt de la
paix sociale, à l'intérêt commun qu'ont tous
les Français à ne pas s'épuiser en déchirements
intestins ; — tout ce qui fait la vie nationale
des Français, tout ce qui est, sans distinction
d'opinions ou de catégories sociales, l'intérêt
commun, le patrimoine commun, la vie commune de tous les Français, — c'est cela que
journellement, outrageusement, on néglige et
on sacrifie.

Et, puisqu'on a voulu dénaturer et fausser
cette épithète de nationalistes que l'on nous a
appliquée, je dirai que c'est parce que nous
défendons cela que nous acceptons le titre de
nationalistes et que nous nous en glorifions.

Nous ne sommes sans doute pas les seuls à
défendre ces idées ; d'autres les défendent avec
nous.

Ce qui nous distingue, c'est que nous ne
pensons plus qu'il soit possible de les défendre
efficacement sur le terrain de la constitution
de 1875.

Nous pensons que pour remédier au mal, il
ne suffira pas de substituer, au sein du régime
actuel, un ministère à un ministère, une direction politique à une direction politique.

Ce qui nous distingue au sein de l'opposition, c'est que nous voulons ce que j'appelais

il y a dix ans déjà — le temps passe vite — à l'époque du Panama, un changement de système, ce que j'appellerai aujourd'hui un changement de régime, un changement de régime dans la République.

Le moment est-il venu d'en indiquer la formule? Je ne le pense pas, et puisque M. Jules Lemaître nous y a conviés lui-même, tout à l'heure, en disant que nous étions réunis ici pour indiquer chacun notre pensée, il me permettra d'indiquer ici en quoi, sur ce point, je me sépare de lui.

Je ne pense pas que le moment soit venu de nous engager sur une formule de revision constitutionnelle. Je ne suis prêt pour ma part à m'engager ni sur la formule qu'il indiquait tout à l'heure, ni même sur aucune de celles que je préférerais personnellement à celle-là. Je crois que nous n'en sommes pas encore là.

Je crois que notre première tâche est de faire pénétrer dans l'esprit du suffrage universel l'idée que l'on ne remédiera pas aux maux actuels, que l'on commence à sentir vivement et qui susciteront de plus en plus le mécontentement de la nation, par des palliatifs, par des demi-mesures, et que la nécessité s'impose de toucher au régime de 1875.

C'est là, me semble-t-il, avec la défense des idées nationales, avec la défense de la liberté là où elle nous paraît menacée, avec la lutte contre l'arbitraire, qui est comme la mission originelle des vrais républicains, c'est là notre tâche essentielle.

Comment l'accomplir, Messieurs? C'est sur ce point que je voudrais dire mon dernier mot; et il m'amènera, puisque c'est un banquet qui nous réunit, il m'amènera tout naturellement à porter le toast que je voudrais porter.

Convaincu, comme je le suis, que notre œuvre essentielle est dans le pays, qu'elle doit consister à continuer, à compléter, à organiser l'effort que nous faisons depuis deux ans et qui nous a donné déjà de si notables résultats, des résultats que nous pouvons mesurer à l'hostilité violente et inquiète de nos adversaires.

Je ne saurais mieux faire, pour traduire ma pensée, que d'oublier pour un instant, pour un instant seulement, à quel point j'ai été intimement associé depuis deux années à l'œuvre de la Patrie Française.

Et de vous proposer de lever nos verres avec confiance à l'avenir de la Patrie Française et à l'homme éminent qui la dirige depuis sa fondation avec tant de dévouement et tant d'éclat.

GODEFROY CAVAIGNAC.

BUT & PROGRAMME

DE

LA PATRIE FRANÇAISE

La Ligue de la **Patrie Française**, fondée le 4 janvier 1899, a pour objet :

1° De maintenir et de fortifier l'amour de la Patrie et le respect de l'Armée nationale ;

2° D'éclairer l'opinion sur les grands intérêts du Pays ;

3° De surveiller et de combattre les ingérences et les propagandes de l'Etranger ;

4° De revendiquer ou de défendre les libertés qui sont de l'essence même du régime républicain ;

5° D'organiser le Suffrage Universel en vue d'une République honnête, libérale et ouverte à tous ;

6° D'amener par les voies pacifiques et légales la revision de la Constitution.

L'ensemble de ces idées forme ce que nous appelons une **politique nationale**, par opposition à la politique de **parti**. Tandis que la politique de parti a pour objet l'accaparement des pouvoirs publics par un groupe ou par une secte, le but de la **politique nationale** doit être l'intérêt général.

Soutenir cette politique nationale, c'est faire son devoir de citoyen. Il faut que tous les bons Français se pénètrent de cette vérité si simple : Le devoir civique est un devoir aussi impérieux et aussi sacré que les autres devoirs de l'homme. C'est un devoir pour chacun de s'occuper des affaires du pays. C'est un devoir d'exercer tous ses droits politiques, et surtout le droit de vote. C'est un devoir de protester par les moyens légaux contre les abus du pouvoir, l'injustice publique, les atteintes à la

liberté. Il n'y va pas seulement de notre propre intérêt, mais de l'intérêt de nos enfants, de notre fa-
mille, de toute la communauté dont nous faisons
partie. Si ce devoir n'avait pas été négligé depuis
quinze ans par tant d'honnêtes citoyens, la France
ne serait pas dans l'état de trouble et de division où
les meilleurs républicains reconnaissent qu'elle se
trouve aujourd'hui.

La Ligue de la **Patrie Française** se propose pré-
cisément de rappeler à tous ce devoir et de leur en
faciliter l'accomplissement.

Mais, pour faire son œuvre, elle a besoin de nom-
breuses adhésions et de sérieuses ressources maté-
rielles.

Elle fait donc appel à votre concours personnel et
à votre générosité.

Nos moyens d'action n'ont rien d'occulte ni de
suspect. Ils consistent en conférences, réunions,
formation de comités dans toute la France, diffu-
sion, à un très grand nombre d'exemplaires, de brochures patriotiques, de circulaires et d'affiches lan-
cées à propos pour éclairer l'opinion.

Veuillez agréer, M   , l'assurance de nos sen-
timents les plus dévoués.

Pour le Comité directeur de la Patrie Française

Le Président,

Jules **LEMAITRE.**

N. B. — On peut faire partie de la Ligue de la *Patrie Française* à titre de :
   Membre fondateur : en souscrivant une fois pour toutes
   une somme de **100 fr.** ou moins (*carte blanche*).
   Membre donateur : en se libérant de toute cotisation annuelle par un versement une fois fait de **20 fr.** au moins
   (*carte bleue*).
   Membre bienfaiteur : en versant une cotisation annuelle
   de **5 fr.** au moins (*carte violette pour 1902*).
   Membre adhérent : en versant une cotisation annuelle de
   1 fr. au moins (*carte verte pour 1902*).
   Chaque membre reçoit une carte d'identité.

Paris. — Imp. HARDY et BERNARD, 20, rue de Bondy

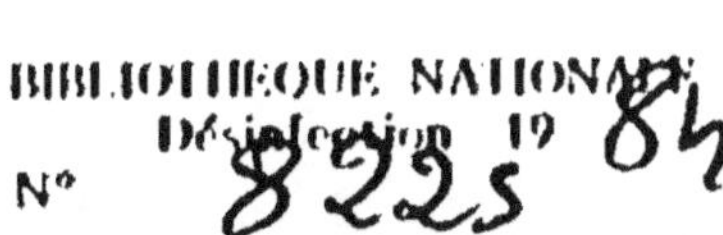

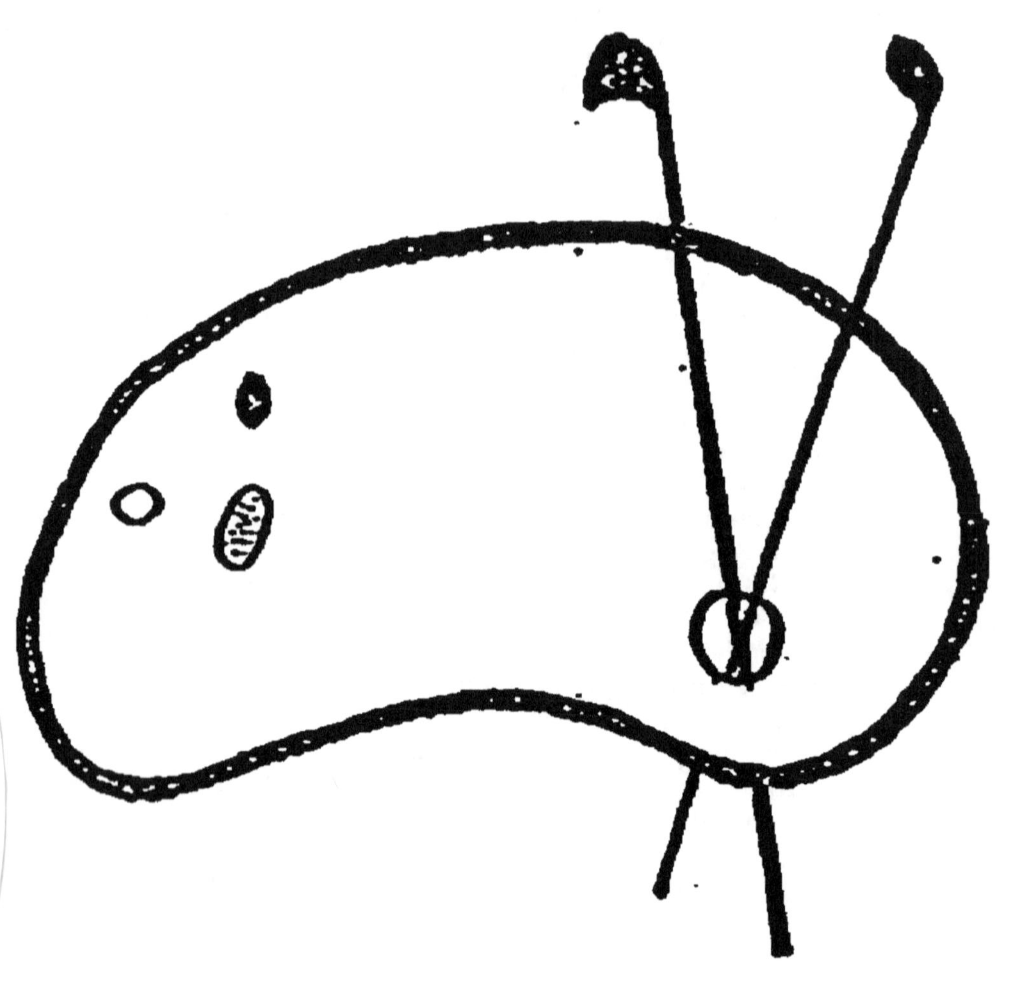

ORIGINAL EN COULEUR
NF Z 43-120-8

On peut se procurer, aux bureaux de LA PATRIE FRANÇAISE, 196, rue de Rivoli, à Paris, les publications de *La Patrie Française*

1o **La Patrie Française**, par J. LEMAITRE.

2o **L'Avenir de la Patrie Française**, par MARCEL DUBOIS, avec une allocution de FRANÇOIS COPPÉE.

3o **La Terre et les Morts**, par MAURICE BARRÈS.

4o **La Nation et l'Armée**, par F. BRUNETIÈRE.

5o **Où sont les Intellectuels**, par R. DOUMIC, avec une allocution du général MERCIER.

6o **L'Œuvre de la Patrie Française**, discours-programme, par JULES LEMAITRE.

7o **L'Alsace et la Lorraine**, par MAURICE BARRÈS.

8o **L'Esprit de Secte**, par R. DOUMIC, avec une allocution de J. LEMAITRE.

9o **Parlementaire et Plébiscitaire**, par GEORGES THIÉBAUD.

10o **L'Action républicaine et sociale de la Patrie Française**, par JULES LEMAITRE.

11o **L'Alliance russe et l'Armée française**, par ALBERT VANDAL, allocutions de FRANÇOIS COPPÉE et de JULES LEMAITRE.

Ces brochures sont envoyées *franco* pour la propagande à toute personne qui en fait la demande, à raison de **2** francs le cent.

On peut également se procurer à **LA PATRIE FRANÇAISE :**

Opinions à répandre, par JULES LEMAITRE, de l'Académie française. Un vol.................... **2 fr. 50**

Dans la Prière et dans la Lutte, par FRANÇOIS COPPÉE, de l'Académie française. Un volume... **3 fr. 50**

Leurs Figures, Roman de mœurs parlementaires, par MAURICE BARRÈS.................... **3 fr. 50**

Pétition contre la Franc-Maçonnerie, Ouvrage de M. PRACHE, député de la Seine............. **2 fr. 50**

Au-dessus de 10 exempl., l'exempl.... .... **2 fr. 25**

Au-dessus de 50 exempl.......... ...... **2 fr.** »

Deux Discours-Programmes, Discours prononcés par MM. JULES LEMAITRE, Président de la *Patrie Française*, et GODEFROY CAVAIGNAC, député, ancien ministre de la Guerre. **Le cent, franco. 2 fr.** »

ALMANACH DE LA PATRIE FRANÇAISE POUR 1903

1 Ex. franco pr la poste **0fr.30**	500 Ex. en gare ... **100 fr.**
100 — en gare...... **20fr.**	1000 — — ... **190 fr.**

www.ingramcontent.com/pod-product-compliance
Lightning Source LLC
Chambersburg PA
CBHW061332050726
47595CB00005B/1897